VILLEMAIN

EN VENTE CHEZ LE MÊME LIBRAIRE

CONFESSIONS DE MARION DELORME

PAR EUGÈNE DE MIRECOURT

60 livraisons à 25 centimes, avec gravures.
18 fr. l'ouvrage complet par la poste.

PARIS. — IMP. SIMON RAÇON ET COMP., RUE D'ERFURTH, 1.

VILLEMAIN

LES CONTEMPORAINS

VILLEMAIN

PAR

EUGÈNE DE MIRECOURT

PARIS
GUSTAVE HAVARD, ÉDITEUR
15, RUE GUÉNÉGAUD, 15
1856

L'Auteur et l'Éditeur se réservent le droit de traduction
et de reproduction à l'étranger.

CHRONIQUE DES CONTEMPORAINS

M. Verteuil, secrétaire de la Comédie-Française, nous adresse la lettre suivante :

Paris, 28 juin 1856.

« On m'apporte, cher ami, une brochure anonyme, qui a la prétention d'être ta biographie, et qui se permet de prononcer mon nom, en l'accolant à des faits entièrement faux. Certes, dans l'œuvre que tu publies depuis deux ans, parfois je te désapprouve comme *audace de vérité*, mais sans mettre en doute ton honnêteté, ton talent, ta conscience et ton courage.

« Mille amitiés cordiales.

« Verteuil. »

Notre ami du Théâtre-Français a grand tort de s'émouvoir au sujet de cette brochure, dont nous n'aurions pas même dit un mot, tant nous avons de mépris pour les écrivains qui ne signent pas leurs attaques.

Dans ce charmant volume, on nous appelle :

Perroquet, — serin, — portier, Basile, — Brid'oison, — Joseph Prudhomme, — Dangeau-Trissotin, — Queue-rouge, — Bilboquet, — bête, — âne, — séminariste en goguette, — ignorant, — chie-en-lit, — Juvénal à cinquante centimes, — barbier du roi Midas, etc., etc.

Joignez à ces épithètes gracieuses force rancune démocratique et sociale, force appréciations ignobles et sans retenue, vous aurez une idée complète de l'œuvre. Les frères et amis se vengent à leur manière, et dans leur beau langage.

Nous remercions l'éditeur qui a donné le jour à cette aimable notice.

Vraiment nous en désirons beaucoup de ce genre, afin de montrer au public quels sont nos ennemis et quelle est leur valeur.

EUGÈNE DE MIRECOURT.

VILLEMAIN

Abel-François Villemain naquit à Paris, le 10 juin 1790, d'une mère très-spirituelle et très-distinguée, qui veilla sur l'éducation de son fils avec la plus grande sollicitude.

Elle le confia d'abord aux soins d'un instituteur nommé Planche[1], qui était sans

[1] La pension Planche suivait les cours du Lycée impérial, aujourd'hui collége Louis-le-Grand.

contredit l'helléniste le plus en renom de la capitale. Passionné pour la littérature grecque, il faisait apprendre à ses élèves et représenter dans sa pension même les tragédies de Sophocle.

Le héros de ce petit livre était à douze ans l'un des acteurs grecs les plus remarquables de la troupe.

Il marchait d'un pied ferme sur le *proscenium* et n'écorchait pas un seul vers d'*Électre* ou d'*OEdipe roi*.

Vingt années plus tard, à l'un de ses dîners de ministre, il récita d'un bout à l'autre, devant les convives stupéfaits, son ancien rôle d'Ulysse dans *Philoctète*.

Abel se montrait le plus espiègle et le

plus studieux, le plus intelligent et le plus dissipé des élèves de M. Planche. Il eut Castel pour professeur de rhétorique latine, et Luce de Lancival pour professeur de rhétorique française.

Très-souvent il arrivait que celui-ci, absent ou malade, ne venait pas à l'heure fixée pour la classe et laissait les élèves bayer aux corneilles.

Un jour, Villemain sort des bancs, escalade la chaire vide, et se met à traiter le sujet de la leçon gravement, sans aucun trouble, avec une facilité rare et une élégance de débit qui émerveillent ses condisciples.

A partir de cette époque, toutes les fois

que Luce de Lancival ne paraissait point au collége, Abel faisait son cours.

Il est certain que, si les prodiges de l'enfance ou de l'adolescence garantissaient l'avenir d'un élève, Abel-François Villemain serait aujourd'hui le plus grand homme du siècle.

Toute la classe de rhétorique lui décernait d'avance le prix d'honneur au concours général.

Il n'en fut rien cependant.

Les juges ne lui accordèrent qu'un accessit, et ses camarades, habitués à le regarder comme un maître, crièrent à la fraude. Beaucoup d'entre eux lui adressèrent en alexandrins leur compliment de condoléance.

Au sortir du collége, le jeune homme se fait inscrire à l'École de droit.

M. de Fontanes, grand maître de l'Université, cause avec lui dans un salon, le trouve d'une force inouïe sur toutes matières et lui offre, séance tenante, une chaire à Charlemagne. Deux mois après, il le nomme, à l'École normale, maître de conférences.

Abel entre dans sa dix-neuvième année.

Presque tous les élèves sont plus âgés que lui; mais cet excès de jeunesse même double son mérite et ses triomphes.

En 1811, à la distribution de prix du grand concours, on crut devoir rétablir ce fameux discours latin dont l'usage avait été pendant quelque temps aboli.

Ce fut Villemain qui le prononça.

Des bravos tumultueux éclataient à chacune de ses périodes, et vraiment ceci n'eût pas manqué de divertir beaucoup Cicéron, s'il avait pu se trouver au nombre des auditeurs.

L'année suivante, en 1812, l'Académie couronne l'*Éloge de Montaigne,* première œuvre écrite de notre héros.

Incontestablement c'est un magnifique travail.

Du premier coup, le jeune auteur donne la mesure de son génie.

Pénétrant Montaigne avec une sagacité parfaite, il analyse, pour ainsi dire, dans les *Essais,* chaque beauté de détail, tout en réunissant l'ensemble sous un même coup d'œil et en expliquant avec un rare bonheur la conception du livre et son style.

C'est une méthode que la plupart des critiques n'osent point aborder par impuissance.

Aussi pénétrant et aussi délié que Sainte-Beuve, M. Villemain ne trahit pas, comme lui, de page en page, l'effort d'une analyse laborieuse.

Quelque originales que soient ses remarques, il les exprime comme il les a conçues, c'est-à-dire de la manière la plus judicieuse et la plus nette.

Sainte-Beuve, au contraire, empêtré dans sa langue difficile et pleine d'ambages, n'arrive jamais à saisir nettement ce qu'il entrevoit et ce qu'il veut fixer. Dans son embarras, il demande à des mots bizarres, à des circonlocutions pénibles, un effet qu'il manque presque aussi souvent qu'il le cherche.

M. Villemain, selon nous, est le premier de nos critiques sérieux.

Pour l'*Éloge de Montaigne*, il arracha la palme à des concurrents de première force, à Droz, à Jay, à Biot, et à ce redoutable Victorin Fabre, qui, jusque-là, candidat perpétuel aux couronnes académiques, les avait presque toutes conquises [1].

---

[1] Victorin Fabre est l'auteur des *Éloges de Corneille* et de la *Bruyère*. Vaincu pour celui de Mon-

Paris entier s'entretenait d'Abel-François Villemain.

Nos littérateurs les plus illustres venaient à lui, fiers de le connaître, heureux de le combler de louanges et de l'exciter par leurs encouragements.

Il devint le favori du monde

Les cercles, les salons, lui ouvrirent leurs portes. On le choyait avec une délicatesse extrême chez l'académicien Suard, chez la princesse de Vaudemont et chez le comte de Narbonne.

Benjamin Constant lui fit cordial accueil.

taigne, il quitta la lice académique et ne voulut plus y reparaître.

Plus tard, pendant les Cent-Jours, madame de Staël daigna lui offrir à baiser sa noble main.

— Courage! dit-elle. Vous arriverez au sommet de la gloire des lettres.

Hélas! on comptait sans la tarentule politique.

A cette époque, Abel-François était déjà ce qu'il est resté depuis, c'est-à-dire le causeur le plus chatoyant, le plus aimable et le plus spirituel de la terre.

De vastes connaissances historiques, une mémoire imperturbable, un tour d'esprit facile, une causticité retenue dans la limite des bienséances, voilà ce que nos Parisiennes de la fin de l'Empire trouvaient en notre professeur; et ces qualités, dont l'assemblage est si rare, leur tournaient la tête.

Elles admiraient le ton galant et presque étourdi du docte jeune homme.

Sa laideur, — car Abel-François est abominablement laid, — disparaissait à leurs yeux pour ne laisser étinceler que ses causeries fines et petillantes.

Prêtez à Quasimodo la langue de M. Villemain, Quasimodo ne rencontrera point de cruelles.

Toutes les Esmeralda de salons viendront le caresser de leurs sourires.

Le comte de Narbonne avait pris notre héros en affection très-vive. Devenu l'un des premiers aides de camp de l'Empereur, il promit à Villemain, qu'il savait très-ambitieux, de lui obtenir la bienveillance et l'appui du château.

— Avez-vous lu mon discours latin? demanda le jeune homme.

Sur la réponse négative du comte, Abel-François se hâta de lui traduire un paragraphe, dont voici le sens :

« Le héros d'Austerlitz est en même temps le restaurateur des bonnes études. C'est donc un devoir pour l'Université de s'appliquer à former des talents capables d'entretenir dignement la postérité des hauts faits du conquérant de l'Europe, comme aussi de procurer de dignes serviteurs à l'enfant auguste[1] dans lequel la

[1] Le roi de Rome.

France et le monde ont mis leur espoir. »

— Donnez-moi ce passage, dit le comte; je le ferai lire à l'Empereur.

Il tint parole.

Bientôt Abel-François reçut de la part du maître l'ordre de commencer l'éloge de Duroc.

Le jeune rhéteur ne se sentait plus d'allégresse; il se voyait en perspective arrosé de la pluie féconde des faveurs impériales.

Malheureusement il n'était pas encore assez rompu aux allures courtisanesques et ne savait point retenir une réplique dangereuse lorsqu'elle lui arrivait sur les lèvres:

— Je vous annonce, lui dit un jour

M. de Narbonne, que l'Empereur a l'intention de faire élaguer des ouvrages classiques un certain nombre de maximes suspectes dont il trouve bon de préserver la jeunesse française. Il songe à vous confier ce travail délicat.

— Par exemple! s'écrie Villemain. Demandez à l'Empereur si jamais il est venu à l'esprit de César de doter la jeunesse de Rome d'un Cicéron expurgé!

La réponse était magnifique.

Mais elle cassait bras et jambes à l'ambition de celui qui osait la faire.

Son protecteur, M. de Narbonne, lui tourna le dos. Villemain n'entendit plus parler des Tuileries.

S'il eût été sage alors, il serait immédiatement revenu sur ses pas et aurait quitté cette route absurde où il faut, avant tout, renoncer à sa liberté de jugement, si l'on veut ne pas se briser contre le despotisme ou le caprice.

La leçon pouvait être profitable ; mais Abel-François n'en tira pas d'autre conclusion que celle-ci :

— Dorénavant, je serai plus habile!

Ce qui voulait dire :

— Je n'aurai plus, dans mes écrits comme dans mes discours, ni foi, ni loi, ni conscience. Les événements seuls me serviront de guides; et sur leur marche, quoi qu'il arrive, je réglerai la mienne.

Ayons l'œil au guet, flairons l'avenir et ne faisons plus d'école !

Bientôt il voit arriver la première Restauration.

Les rois alliés entrent dans nos murs avec leurs baïonnettes odieuses, juste au moment où l'Académie va couronner un second discours de Villemain sur les *Avantages et les inconvénients de la critique.*

Sa Majesté le roi de Prusse et l'empereur Alexandre se rendent à l'Institut.

Pour fêter ces hôtes illustres, l'assemblée déroge à tous les usages et permet au jeune lauréat de lire lui-même son discours devant les souverains victorieux.

C'est le cas ou jamais de commencer à

mettre en pratique l'honnête résolution de tout à l'heure.

En conséquence, au début de son discours, Villemain complimente le « *vaillant héritier de Frédéric* » et le « *magnanime Alexandre, âme antique et passionnée pour la gloire.* »

Platitude et lâcheté !

Voilà, certes, une action que la France ne vous pardonne pas, monsieur.

Quoi ! vous avez eu l'audace, en pleine séance académique, dans une assemblée française, quand le *Moniteur* du lendemain devait porter vos paroles à tous les échos du royaume, vous avez eu l'audace, disons-nous, de flagorner ces rois, au parjure desquels la patrie devait son infortune!

Un écrivain de courage[1] vous l'a dit avant nous :

« On aurait dû, ce jour-là, clouer sur l'écu de la France votre langue, qui léchait en phrases avilissantes les bottes du Russe et du Prussien, car elles étaient teintes de sang français! »

Certains hommes, qui excusent tout, se sont efforcés, à diverses reprises, de laver M. Villemain de cette faute énorme.

Ils invoquèrent, dans ce but, le souvenir du régime d'oppression dont les alliés délivraient le pays; ils parlèrent de

[1] Hippolyte Castille (les *Hommes et les Mœurs.*)

l'accueil enthousiaste fait au roi de Prusse et au czar par tous les académiciens et par les invités à la séance.

Allons donc!

Pourquoi n'essayèrent-ils pas aussi de rappeler, à la justification de l'orateur, l'exemple de ces dames élégantes et parfumées qui allèrent au-devant des Cosaques immondes et graissés de suif?

Est-ce qu'un crime efface un crime? est-ce qu'une honte en lave une autre?

Comme on l'a dit encore, « à partir de ce jour, M. Villemain ne devait plus avoir le droit de monter en chaire à Paris et de parler à la jeunesse française : il fallait l'envoyer professer à Berlin ou à Saint-Pétersbourg. »

Mais point.

On le nomme professeur suppléant d'histoire moderne à la Faculté des lettres [1]. Il ouvre son cours par une étude sur l'*Histoire générale de l'Europe au quinzième siècle.*

Bientôt une troisième couronne académique orne son front.

Cette fois elle lui est donnée pour l'*Éloge de Montesquieu.*

Lorsqu'un homme se jette en dehors des lois de la conscience et de la droiture, il perd inévitablement, avec sa propre estime, une grande partie du talent qu'il a reçu du ciel.

M. Villemain ambitieux, M. Villemain

[1] C'était M. Guizot qu'il suppléait.

panégyriste des Cosaques ne se ressemble plus à lui-même.

L'écrivain profond disparaît.

Il ne reste que le rhéteur, doué d'un esprit sagace et d'une forme brillante sans doute ; mais, en sondant cette forme, on n'y trouve que le creux et le vide. Les grands côtés de l'auteur de l'*Esprit des lois* échappent absolument à son critique.

A partir de cette fâcheuse décadence, dont l'effet le plus triste se manifestait dans le ressort de la pensée, on a pu dire avec raison de notre professeur :

« Quand il a fait une phrase, il cherche ce qu'il mettra dedans. »

Royer-Collard, alors grand maître de l'Université, crut devoir appeler Villemain de la chaire d'histoire moderne à la chaire d'éloquence.

Cette nomination fut signée dans le cours de l'année 1816, et le professeur ne quitta son cours qu'en 1826, après avoir développé l'histoire littéraire des quinzième, seizième et dix-septième siècles.

Dans l'intervalle, en 1819, il publia cette fameuse *Histoire de Cromwell*, dont on a beaucoup trop exagéré le mérite.

La forme, certes, est inimitable. Pureté, sobriété, concision, élégance, imitation parfaite des modèles antiques, rien ne pèche sous ce rapport. Mais partout se trahit l'absence d'horizons; mais la pensée marche terre à terre; mais on dirait d'un écrivain myope, auquel les grandes perspectives historiques échappent.

Villemain ressemble à un oiseau de paradis qui a perdu ses ailes et qui se traîne dans les savanes, au lieu de voler sous l'azur.

— Que penses-tu de mon livre? disait-il à l'un de ses anciens condisciples qui avait reçu le premier exemplaire de l'édition.

— Je te donnerai mon avis, répond son interlocuteur, si tu me permets de parler sans détour.

— Comment donc! s'écrie Villemain, je te le demande en grâce.

— Eh bien, quand j'ai fermé le volume,

je me suis involontairement rappelé Gulliver et l'armée des Lilliputiens arrivant pour garrotter l'homme d'Europe. Celui ci, tiré de son sommeil, se lève, écarte les jambes, et la phalange microscopique se trouve ainsi à une distance énorme de chacun de ses talons.

— Je ne comprends pas, explique-toi, dit le professeur.

— Tu as eu l'intention de mesurer Cromwell, mon cher; tes regards se sont élevés tout au plus jusqu'à sa cheville.

C'était dur, mais c'était vrai.

M. Villemain put s'en convaincre en voyant le public accueillir froidement l'ouvrage. Notre rhéteur espérait que ce livre fixerait sur lui l'attention des hommes politiques. Il n'en fût rien.

Décidément on apportait beaucoup trop de négligence à le payer de ses magnifiques éloges au roi de Prusse et au czar.

Sans doute quelques ennemis secrets le desservent et cachent au roi son mérite.

Ah! s'il pouvait seulement pénétrer au château et lier conversation avec le prince!

Une idée superbe lui traverse l'esprit.

Louis XVIII avait pour la langue latine une prédilection toute particulière. Villemain savait qu'une traduction d'Horace, publiée tout récemment, était l'œuvre de la main royale.

En conséquence, un jour, — un beau

jour de soleil, — le professeur se décide à une petite promenade au jardin des Tuileries.

Il va et vient le long de l'avenue qui fait face au château, tenant un livre ouvert et paraissant plongé dans la plus délicieuse de toutes les lectures.

Or ses pas distraits le mènent droit à l'un des bassins peu profonds qui se trouvent en ce lieu du jardin. Tout à coup la terre lui manque; le livre tombe à l'eau, et notre homme suit le livre.

Les cygnes effrayés battent de l'aile.

Ils étaient loin de s'attendre à cette chute d'un professeur dans leur domaine liquide.

Bien entendu, le critique de Montaigne

venait de tomber à l'eau par hasard, et, par hasard aussi, personne ne se trouvait dans le voisinage pour venir en aide à sa détresse.

Voyant un homme se débattre éperdu dans quelques pouces d'eau, les gardes des Tuileries accourent. On sauve des flots l'historien de Cromwell ; mais son livre, son cher livre est au fond de l'eau.

Son livre ou la mort !

Il se précipite une seconde fois dans le bassin, plonge, patauge, barbote, et trouve enfin ce qu'il cherche.

O bonheur !

Émerveillé de voir un homme trempé jusqu'aux os le supplier avant tout de faire sécher son livre, l'officier du poste prend ce personnage pour un échappé de Bicêtre.

— Qui êtes-vous? lui demande-t-il ; comment vous appelez-vous?

— Je me nomme Villemain, répond notre héros; je suis professeur à la Faculté des lettres, et la lecture de cette traduction d'Horace m'absorbait tellement au milieu de ma promenade...

— Une traduction d'Horace? Permettez que je l'examine.

Villemain présente à l'officier son livre ruisselant.

— Cette traduction, dit-il, est merveilleuse. On assure qu'il y en a fort peu d'exemplaires, et je ne me serais jamais consolé de l'avoir perdue.

— Savez-vous quel en est l'auteur? dit l'officier.

— Non, je l'ignore.

— Eh bien, vous allez me suivre et passer des vêtements secs. Je ne perdrai certes pas l'occasion de présenter au roi un homme qui a failli se noyer dans un excès d'enthousiasme pour son œuvre.

— Son œuvre!... Horace traduit par Sa Majesté!... Quoi! vraiment, il serait possible...

— Oui, monsieur, oui! le roi est excellent latiniste. Venez, et n'attrapez pas la fièvre.

M. Villemain oppose quelque résistance; il joue la timidité, la modestie. L'officier n'écoute rien et l'emmène au château.

Vingt minutes après, le professeur d'éloquence était dans le cabinet de Louis XVIII, racontant lui-même son histoire du bassin, qu'il entremêla, comme de juste, d'éloges extrêmement délicats et flatteurs sur la traduction, cause du sinistre.

A la fin de la semaine, il entrait au ministère de l'intérieur comme chef de division de l'imprimerie et de la librairie, et, six mois après, M. Decazes l'élevait à la dignité de maître des requêtes au conseil d'État.

Le bain des Tuileries avait été, comme on le voit, très-salutaire à notre héros.

Il fit, au conseil d'État, connaissance avec les doctrinaires, et participa très-activement à l'élaboration des lois destinées à brider la presse.

En même temps, il prêchait le libéralisme à son cours, sachant à merveille qu'il ne pouvait pas captiver autrement l'enthousiasme de la jeunesse des écoles.

> Arrière ceux dont la bouche
> Souffle le chaud et froid !

Ce fut à coup sûr en punition de cet acte hypocrite qu'un diable narquois et vengeur lui inspira le plus détestable de ses ouvrages. Nous voulons parler de *Lascaris, ou les Grecs au quinzième siècle,* suivi de l'*Essai sur l'état des Grecs depuis la conquête musulmane.*

Non-seulement l'auteur n'a pas visité la Grèce, mais il s'est même dispensé de lire les ouvrages qui l'ont décrite. Il n'est question dans son poëme ni des mœurs, ni de la physionomie, ni des coutumes, ni des actes, ni des croyances des Grecs contemporains.

Lascaris est le seul ouvrage d'imagination de M. Villemain. C'est fort heureux pour sa gloire.

Il semble qu'il ait voulu donner un pendant à cet insipide poëme de Bitaubé qui a pour titre *Joseph*, et que tout esprit sage regarde de nos jours comme la condamnation formelle de cette littérature servilement imitatrice qui florissait sous le premier Empire.

Mais nous anticipons, car *Lascaris* ne fut publié qu'en 1825.

L'auteur de ce livre plus que médiocre ne nous pardonnerait pas d'oublier qu'il eut la croix en 1820, et que, l'année suivante, l'Académie lui ouvrit ses portes.

Villemain succédait à Fontanes, son protecteur.

On put l'entendre faire tout à la fois dans son discours l'éloge du poëte, l'éloge de l'Empire et l'éloge de la Charte, heureux de trouver ainsi moyen de plaire aux académiciens de tous les goûts, de toutes les opinions et de toutes les nuances.

En 1822, il publia la *République* de Cicéron, traduite d'un manuscrit palimpseste découvert par le savant Angelo Maïo, bibliothécaire du Vatican.

Nous n'entreprendrons pas d'analyser

ici les nombreuses *Études littéraires* de
M. Villemain[1], morceaux largement académiques et soporifiques, pour la plupart.

[1] Voici les principales : *Essai sur l'oraison funèbre*, — *Discours sur le polythéisme dans le premier siècle de l'ère chrétienne*, — *Essai sur les romans grecs*, — Portraits de *Pascal*, — de *Fénelon*, — de *l'Hospital*, — de *Shakspeare*, — de *Lucrèce*, — de *Bossuet*, — de *Massillon*, — de *saint Basile*, — de *saint Athanase*, — de *saint Chrysostome*, — de *Fléchier*, — de *saint Augustin*, — de *Bourdaloue*, — de *Pope*, — de *Milton*, etc., etc. M. Villemain augmenta plus tard cette collection confuse d'un certain nombre de notices, d'essais, de discours, et la divisa en trois séries : 1° *Discours et mélanges*, comprenant les portraits des écrivains français et ses harangues académiques ; 2° *Tableau de l'éloquence chrétienne*, comprenant les portraits des Pères de l'Église et des orateurs chrétiens ; 3° les *Études de littérature ancienne et étrangère*. Dans cette troisième série, le *Gentleman Magazine*, publié par Galignani (février 1843, page 141 et 142), relève de nombreuses bévues commises par Villemain dans les articles relatifs à des Anglais, articles qu'il publia dans la *Biographie universelle* de Michaud.

Le beau style, comme l'exécution musicale, finit par endormir, lorsque rien, à côté, ne se présente pour continuer le charme et vaincre la monotonie.

M. Villemain fut plus heureux dans ses cours.

Jamais, on doit le dire, un de ses auditeurs ne parut fatigué de l'entendre. Il est rare que la parole ne lui donne pas tout ce qui échappe à sa plume en tours originaux, en vivacité pittoresque.

Sainte-Beuve lui-même l'affirme.

Voici le passage qu'on peut lire dans la *Revue des Deux Mondes* du 1er janvier 1836 :

« Quand Villemain écrit, il gagne sans

doute en perfection, en poli, mais il y a quelque chose qu'il n'a plus; quand il est *lui* écrivain, il n'est pas *lui* orateur. Le dirai-je? il songe peut-être à trop de personnes en écrivant; en voulant tout concilier, il se tient lui-même en échec, il s'émousse à dessein quelquefois. Le vif et le mordant de ce rare esprit, sa liberté tout entière ne se déploie que dans le tête-à-tête, ou devant tous. Devant tous, l'instinct l'emporte, la verve s'en mêle, le mot jaillit. »

Beaucoup des séances du cours de M. Villemain ressemblaient à de véritables solennités littéraires.

Sachant donner à ses harangues tantôt un cachet d'opposition fort habile, tantôt un cachet de royalisme pur, et tantôt un cachet neutre, selon qu'il voyait son auditoire composé d'étudiants, de notabilités[1] ou de gros public, il louvoyait entre ces divers courants de la popularité, sans briser sa barque aux écueils.

Ainsi, par exemple, à l'ouverture de son cours de 1824, jetant un coup d'œil

---

[1] M. Villemain ne manquait jamais de *reconnaître* les hommes illustres que la curiosité amenait à son cours. Il fixait continuellement sur eux son regard ; il semblait leur adresser ses phrases les plus élégantes, ses plus beaux effets oratoires. La salle étonnée suivait la direction de l'œil du professeur, et l'on ne manquait jamais de découvrir le grand personnage qui se dissimulait en vain derrière une colonne ou derrière une statue. C'étaient alors des cris, des trépignements, un enthousiasme à tout rompre. Jugez comme, le lendemain, la narration du *Moniteur* était pompeuse ! Chateaubriand et Berryer furent tour à tour victimes de cette adroite manœuvre professorale.

sur la salle, il la voit remplie de magistrats, d'hommes de lettres, de savants, de députés et de pairs de France.

Charles X vient de monter sur le trône.

En avant le royalisme!

Il s'agit, dans ce premier cours, de tracer un tableau de la littérature française sous Louis XIV....

« Ce roi, dit solennellement le professeur, qui, pendant une longue prospérité, fut grand de la gloire de ses sujets; qui, lorsque la fortune l'abandonne, quand ses appuis se brisent, quand sa race est près de s'éteindre, montre une âme héroïque, porte avec fermeté le poids de l'empire et des revers, et meurt le dernier des hommes illustres de son règne, comme pour annoncer que le grand siècle était achevé[1]. »

Véritablement cette phrase semble écrite par Bossuet.

Des applaudissements tumultueux éclatent. Villemain les calme du geste et fait rentrer son auditoire dans la discipline universitaire.

Mais patience! l'éloge de Charles X va suivre....

— Et, pour cette fois, s'écrie le professeur, la défense est levée!

« On juge, dit le journal ministériel, rendant compte de la séance, avec quelle ardeur unanime la salle profita de cette permission. »

[1] *Moniteur* du 24 novembre 1824.

M. Villemain, non content de lutter de magnificence avec Bossuet, brûla sous le nez de son roi, dans la cassolette de la flatterie, beaucoup plus d'encens que l'Aigle de Meaux n'en brûla jadis sous le nez de Louis XIV, et avec beaucoup moins de raisons de le faire.

Écoutez plutôt :

« Monarque aimable et vénéré, il a la loyauté des mœurs antiques et les lumières modernes. La religion est le sceau de sa parole. Il tient de Henri IV ces grâces du cœur auxquelles on n'échappe pas; il a reçu de Louis XIV l'amour éclairé des arts, la noblesse du langage, et cette dignité qui frappe de respect et pourtant séduit. Sa haute faveur accueille et ranime nos savants; sa justice (et nous lui en rendons grâces) les suit et les protége sur la terre étrangère; son humanité, vigilante et populaire, visite les retraites de la souffrance, comme Louis le Grand dotait les hospices de la gloire. Ses paroles semblent un bienfait public, parce qu'elles sont toujours l'expression de cette âme française et loyale, *qui veut régner par les lois, qui met sa grandeur à les respecter*, et mesure son pouvoir sur l'amour, les espérances et les institutions de son peuple. »

Qu'en dites-vous? la cassolette vous semble-t-elle assez bourrée de parfums?

Or le biographe Loménie, dont l'âme est aussi judicieuse que pleine de tact, de bienveillance et de logique, ne trouve dans cet hyberbolique éloge aucune flatterie.

Bien plus, le dernier membre de phrase que nous avons souligné lui semble contenir une leçon vigoureuse pour le monarque imprudent qui, six années plus tard, devait mettre sa signature au bas des ordonnances.

Ah! monsieur Loménie, quelle portée de vue! Ne nous prêtez pas vos besicles.

Jusqu'en l'an de grâce 1827, Villemain continue d'obtenir le même succès devant ses auditeurs.

Seulement, les élèves du quartier latin dominant alors comme nombre, il se livre de plus en plus chaque jour à des échappées libérales, tant enfin que le gouvernement lui suscite des tracasseries.

On lui demande un compte sévère des mots les plus anodins.

M. de Martignac lui rend un peu ses coudées franches; mais, à l'avénement du ministère Polignac, le pouvoir se montre de nouveau susceptible.

L'Académie ayant décidé qu'une supplique serait remise au roi dans le but de lui signaler l'imminence des périls que la censure faisait courir aux lettres, Villemain est choisi par la docte assemblée pour la rédaction de cette supplique, conjointement avec Lacretelle et Chateaubriand.

Le ministère ne lui pardonne point d'avoir accepté cette tâche.

On lui enlève aussitôt son emploi de

maître des requêtes, et voilà notre homme martyr.

Grandes ovations des étudiants à la Sorbonne.

Villemain flaire la chute de la branche aînée. Ses bons camarades de la doctrine le poussent à la Chambre; il est élu par le collége électoral d'Évreux, s'assied carrément à l'extrême gauche, signe l'adresse des deux cent vingt et un, — et 1830 arrive !

Peut-être vous figurez-vous que notre éloquent professeur obtient un succès de tribune au palais Bourbon.

Non vraiment. Ses collègues et le public se montrent choqués de ses phrases pédantesques, de son ton plein d'aigreur et de ses sarcasmes. L'année suivante, on le dépossède de son mandat, tant il a su, en peu de mois, devenir impopulaire.

Il frappe alors aux portes du château, se prosterne à plat ventre devant Louis-Philippe, et croque les dragées de la cour.

A la fin de 1831, le roi le nomme membre du conseil royal de l'instruction publique. En 1832, il devient vice-président de ce conseil. On le porte à la Chambre haute en 1833, — et bientôt nous le verrons grand maître de l'Université.

L'Académie, en attendant, juge convenable de lui donner le fauteuil de secrétaire perpétuel.

Un fait curieux se produit le jour de son élection.

Sur vingt-trois votants, au premier tour de scrutin, M. Droz a onze voix, M. Villemain onze également, et M. Lainé une.

Au second tour, même résultat.

Grande stupéfaction de messieurs les immortels.

On se demande quelle est la voix unique, la voix têtue qui se porte sur ce brave M. Lainé avec autant de persistance.

Lemercier se lève, et dit :

— Messieurs, cette voix est la mienne. Passons au troisième tour de scrutin. J'ai voulu que notre secrétaire perpétuel fût bien assuré que c'est moi qui le nomme.

Au troisième tour, la voix mutine se range du côté de Villemain.

Dans l'élan de sa reconnaissance, notre héros court à l'auteur de *Frédégonde*.

— Merci! Je vous dois mon élection! s'écrie-t-il avec un accent joyeux.

— Oui, réplique Lemercier, c'est un prêté pour un rendu. Je pouvais, il y a deux ans, être nommé professeur au Collége de France, et vous y avez mis obstacle. Nous sommes quittes.

C'était une noble et délicate vengeance.

Plus tard, M. Villemain n'en continua pas moins de desservir, par esprit de malignité pure, nombre de personnages qui, moins généreux que Lemercier, devinrent ses ennemis mortels.

Une fois pair de France, il cède sa chaire à Saint-Marc Girardin [1].

Puis il s'occupe exclusivement de flagorner le roi des barricades, afin d'en ob-

---

[1] Depuis cette époque il ne professe plus. Son *Cours sur la littérature du dix-huitième siècle*, ouvrage critique d'une grande valeur, a été recueilli et sténographié. Pour compléter la liste des œuvres de M. Villemain, nous avons à citer encore ses *Considérations sur la langue française*, servant de préface au Dictionnaire de l'Académie, un *Tableau de l'état actuel de l'instruction publique en France*, et les *Souvenirs contemporains d'histoire et de littérature*. Ce dernier livre, publié récemment, contient les rancunes de l'auteur, exprimées par une éloquence verbeuse insoutenable. Joignez à cela divers articles dans la *Revue des Deux Mondes*, la *Revue contemporaine*, la *Revue de Paris*, la *Biographie universelle* de Michaud, la *Nouvelle Biographie universelle* de Firmin Didot frères et le *Journal des Savants*, vous aurez la somme exacte des travaux littéraires de l'ex-ministre.

tenir le portefeuille de l'instruction publique.

Ce portefeuille tombe entre ses mains le 13 mars 1839.

Au mois de janvier suivant, l'homme qui a flatté l'Empire, les Cosaques et les Bourbons légitimes dit à Louis-Philippe :

« Sire, vous êtes pour tous une protection et une espérance. Par vous, par votre dynastie nouvelle, la France, à jamais préservée de la contre-révolution et de l'anarchie, a vu ses institutions ébranlées s'affermir et son gouvernement national se fonder. Dans ce travail de dix années, le monde a souvent admiré en vous une fermeté d'âme et une persévérance supérieures aux épreuves de votre destinée.

Cette gloire, que le temps confirme, sera chaque jour mieux comprise et plus respectée [1]. »

M. Villemain ministre prenait un plaisir extrême à déconcerter les personnes auxquelles il donnait audience. Il ne manquait jamais une occasion de mystifier ceux qui lui présentaient une requête [2],

---

[1] *Moniteur* du 3 janvier 1840.

[2] Il put le faire impunément avec certaines natures peureuses; mais il rencontra parfois des caractères énergiques dont il ne vint pas aussi facilement à bout. M. William Duckett, rédacteur en chef du *Dictionnaire de la conversation*, ayant eu l'idée de publier une traduction française de tous les auteurs grecs, va demander au ministre le concours de son talent et de sa plume. Celui-ci accepte. Un prospectus est lancé, portant le nom des futurs traducteurs, Villemain en tête. Quelques jours après, M. Duckett reçoit une lettre absurde et insolente : « D'où me connaissez-vous? avait l'effronterie d'écrire le ministre. Où avez-vous appris que je susse le grec? » ajoutait-il

ou de les blesser jusqu'au fond de l'âme par quelque trait méchant.

Voici une anecdote que nous avons déjà racontée, mais sans avoir, comme aujourd'hui, les détails explicites recueillis dans les bureaux du ministère même.

Jules Janin s'était chargé de demander la croix pour son ami Théodose Burette, professeur d'histoire.

Ils vont ensemble rue de Grenelle.

Janin passe le premier dans le cabinet du ministre, obtient la promesse du ru-

niaisement. Le rédacteur en chef du *Dictionnaire* publia cette lettre avec une réponse tellement nette et tellement vive, que M. Villemain ne jugea pas à propos de continuer la correspondance.

ban, sort pour annoncer la bonne nouvelle au solliciteur, et dit :

— Va remercier Villemain, c'est chose conclue !

Théodose Burette entre à son tour et se confond en actions de grâces.

— Hein ?.... qu'est-ce à dire ?.... La croix !.... Je n'ai jamais eu l'intention de vous la donner, monsieur ! s'écrie le ministre.

Le professeur devient pâle. Il prononce le nom du critique.

Alors Villemain d'éclater en paroles menaçantes. Il lui déclare qu'il le fera jeter dehors par les huissiers, s'il ne prend la porte au plus vite, et le malheureux s'éloigne en pleurant de rage.

Ceci n'est que de la cruauté; mais voici qui n'a plus de nom.

Sur le point de publier deux volumes d'histoire, un éditeur prudent supprime de son chef certain épilogue relatif au régicide, afin de ne point exposer l'œuvre à des poursuites.

Villemain, instruit du fait, appelle ce libraire, et, tout en le félicitant de sa résolution sage, demande à voir les feuilles supprimées.

On les lui montre.

Il les expédie le soir même au parquet, avec ordre de bâtir là-dessus un procès de tendance, et l'éditeur est frappé d'une condamnation rigoureuse.

Tous les employés du ministère détestaient cordialement M. Villemain, qui se conduisait avec eux comme un ogre. Aussi lui appliquaient-ils à tout propos ces vers de l'*École des femmes :*

. . . . . . Mon Dieu, qu'il est terrible !
Ses regards me font peur, mais une peur horrible,
Et jamais je ne vis un plus hideux chrétien.

Lorsque M. le ministre accordait une faveur, il avait soin de la faire payer par quelque espièglerie détestable.

Un de ses vieux professeurs sollicitait depuis longtemps un emploi.

Cet emploi devient vacant. Le vieillard court au ministère. Il rappelle l'ancienneté de ses droits et les promesses qu'il a reçues.

M. Villemain répond :

— Allez au diable! La place a été donnée ce matin !

Ce disant, il le repousse et ferme brutalement la porte.

Le vieil universitaire rentre chez lui dans un état d'affliction terrible.

Une lettre au timbre de l'instruction publique l'attend chez son concierge. Il l'ouvre : la place est effectivement donnée.... mais à lui !

Le pauvre homme pousse une exclamation, tombe, et meurt de saisissement.

Par une bizarrerie dont on ignore la cause, M. Villemain se montra d'une impitoyable et constante désobligeance envers ses anciens condisciples, ses anciens collègues, et même envers ses amis.

Il avait un système analogue à celui de cet excellent Boulay (de la Meurthe), qui, devenu vice-président de la République, fit annoncer dans le *Moniteur* qu'il ne donnerait son apostille à aucune demande d'emploi.

De façon qu'on ne vit plus à quoi ce cher M. Boulay pouvait servir.

La France lui payait quarante mille francs d'honoraires, afin qu'il s'engraissât plus à l'aise dans son égoïsme, et qu'il ne mît aucun obstacle aux intrigues insolentes des valets de cour, éternellement victorieuses lorsqu'il s'agit de repousser l'homme de mérite.

Si vous n'appuyez pas le talent et l'honneur, empêchez au moins les sots et les coquins de réussir!

M. Durozoir, membre distingué du corps universitaire, ancien camarade intime de Villemain au collége, ne put jamais décider son ex-condisciple à lui donner une place de recteur, à laquelle il avait des droits incontestables.

On savait toutefois un moyen, un seul, d'obtenir les faveurs du ministre, ou plutôt de s'en emparer.

Si quelqu'un venait lui dire :

—Excellence, j'ai connu beaucoup votre frère.... vous savez, ce malheureux jeune homme....

Il se hâtait de vous interrompre.

— Ah! fort bien, s'écriait-il, fort bien! En quoi puis-je vous être agréable?

Le solliciteur n'avait plus qu'à parler.

M. Villemain accordait tout, à moins cependant qu'on n'eût l'indélicatesse de lui demander son portefeuille.

Ce frère d'Abel faisait en même temps que lui ses études au Lycée impérial. Il était, comme lui, remarquable élève et fort mauvais sujet. Condamné pour huit jours au cachot, il conçut un dessein funeste et se pendit dans sa prison.

Ses maîtres, au lieu du pensum qu'il devait écrire, trouvèrent une sorte de testament impie et blasphématoire, au bas duquel le baron d'Holbach et tous les apôtres de l'athéisme eussent volontiers apposé leur signature; il se terminait par ces mots :

« *Il n'y a pas de Dieu, car il n'y a pas de justice. Donc il est également insensé de craindre ou d'attendre la mort. Je me réfugie dans le néant.* »

Le souvenir de cet épouvantable factum cause encore aujourd'hui à M. Villemain des frissons d'horreur.

Car, si notre héros a des jours où il se montre philosophe et où il frise l'incrédulité, d'autres fois il semble foncièrement religieux et parle comme un Père de l'Église.

> Le louvoyant Villemain flotte
> Entre Mathurine et Charlotte.
> — Je n'aime que vous! — Je n'aime que toi!
> Dit-il à la Raison et dit-il à la Foi;
> Mais dans le fond don Juan dit : Je n'aime que moi!

L'auteur de ces vers a parfaitement jugé cette nature boiteuse, que l'ambition menait droit à l'égoïsme, et que le contact de la politique corrompue de Louis-Philippe ne pouvait ni redresser ni rendre susceptible de dévouement.

On reproche à M. Villemain d'avoir accordé beaucoup de pensions à des personnes qui n'y avaient aucun titre, ou qui pouvaient s'en passer.

Droz en obtint une, parce que le ministre allait fort souvent dîner chez lui.

Mais, en compensation, M. Villemain refusait toute espèce d'indemnités littéraires aux gens qui les méritaient le mieux.

Quérard, l'infatigable bibliographe, ayant fait d'énormes dépenses pour l'impression de son livre, fut exhorté vivement par tous les hommes de lettres et par tous les éditeurs de sa connaissance à demander au ministre, sur les fonds destinés à la littérature, un encouragement à ses utiles travaux.

La démarche lui répugnait.

Un de ses amis, auquel il rendait visite, place une feuille de papier devant lui sur une table, lui glisse une plume entre les doigts, et dit :

— Tu ne sortiras pas que tu n'aies fait ta demande à Villemain !

Quérard cède.

Il donne à son ami la feuille écrite, et se sauve sans la relire.

O précipitation fâcheuse ! il a commis un barbarisme, et ce crime, aux yeux du rhéteur-ministre, efface le mérite de vingt ans de travaux sérieux.

M. Villemain souligne le mot fatal, et jette d'un air superbe la requête à ses commis, en criant :

— Voilà ma réponse !

L'auteur de l'*Histoire de Cromwell*

ne resta, cette première fois, qu'une année au ministère. Il eut pour remplaçant M. Cousin, entre les mains duquel il devait un peu plus tard ressaisir le portefeuille, pour le lui rendre de nouveau.

Ces messieurs imitaient l'exemple de deux autres couples politiques, Thiers et Guizot, Montalivet et Duchâtel, que nous avons vus trop longtemps, hélas! jouer au jeu de bascule, sous cet aimable régime de l'orléanisme!

Interrogez les bureaux de l'instruction publique, interrogez tout le corps universitaire, il n'y aura qu'une voix pour accuser M. Villemain et pour raconter les méfaits de son règne administratif.

— C'était un scandale affreux! disent

les uns. Tout notre Olympe frémissait à la vue des déportements de Jupin séducteur. Nous pourrions citer le Mercure officiel qu'il honorait de sa confiance.[1]

D'autres vous détaillent des histoires à faire tressaillir dans son tombeau l'ombre de Martin (du Nord).

Mais nous nous bouchons résolûment les oreilles, et nous ne croyons pas un mot de ces abominations.

Quand il y a sur un de nos personnages beaucoup de détails fâcheux, nous cherchons si, par hasard, on ne trouverait pas quelques actes honnêtes à mettre sur l'autre plateau de la balance.

Villemain a eu souvent de détestables

inspirations, mais il en a eu quelquefois de bonnes.

— Ce jour-là, vont crier ses détracteurs, il était sûrement malade!

Qu'importe? la maladie peut amener un homme à résipiscence, et la lettre dont nous donnons à la fin de ce volume un *fac-simile* prouve que M. Villemain était susceptible d'élans généreux.

Elle est adressée à M. Napoléon Theil, l'un des plus forts hellénistes de l'époque.

Très-jeune, et sans ressources pour aider une famille nécessiteuse, il vit le ministre lui ouvrir spontanément sa bourse et le placer bientôt à l'École normale comme surveillant des études.

M. Theil ne lui avait pas adressé la

moindre sollicitation; Villemain, depuis, s'occupa constamment de son avenir[1].

Mais voici un trait plus honorable encore.

On était en décembre.

Victor Hugo frappé de vertige venait de se montrer sur les barricades. La femme du grand poëte voit accourir M. Villemain.

— Grand Dieu ! madame, s'écrie-t-il, qu'est devenu votre mari ? Je tremble

---

[1] Monseigneur Affre, archevêque de Paris, ayant offert au jeune savant d'adopter un de ses livres pour les séminaires du diocèse, à la condition de supprimer une préface écrite par Villemain, M. Theil sacrifia son intérêt à la reconnaissance qu'il devait à son protecteur.

pour sa personne. Il peut lui arriver de grands malheurs.

— Non, monsieur, répond madame Hugo, rassurez-vous. Je sais qu'il n'est ni mort ni emprisonné. Seulement, hélas! je ne le reverrai plus; il doit être déjà hors de France.

— Madame, dit alors Villemain, je n'étais pas l'ami de M. Hugo, je ne suis pas non plus son partisan; mais je l'estime beaucoup, et je serais heureux de vous le prouver. Dans de semblables circonstances on est souvent pris au dépourvu. Je ne suis pas riche; toutefois j'ai là quinze mille francs qui pourront vous être utiles. Veuillez les accepter aussi simplement que je vous les offre.

Madame Hugo se sentit touchée jusqu'aux larmes de cette noble démarche.

— Il m'est impossible, monsieur, dit-elle, de vous remercier comme je le voudrais, tant je suis émue. Je dois vous apprendre que mon mari n'a pas eu une existence aussi dissipée qu'on le croit. Nous avons douze mille livres de rente sur l'État. Je refuse votre offre; mais je n'en serai pas moins éternellement votre débitrice.

En ce monde, une bonne action répare bien des fautes.

Si nous disons le mal par nécessité, lorsqu'il s'agit d'hommes publics, en revanche nous ne trouvons jamais le bien sur notre route sans le signaler avec joie.

L'histoire du second ministère de notre héros est une leçon cruelle pour les esprits lettrés, pour les imaginations vives, qui désertent le domaine de la poésie et de l'idéal, et vont se perdre dans les desséchantes régions de la politique.

M. Villemain commença par élaborer son fameux projet de loi sur l'enseignement.

Chaque soir, pendant un laps de temps indéfini, chaque article du projet, examiné, pesé, discuté au château, plongeait le ministre dans des perplexités étranges.

La reine Amélie, pieuse et timorée, demandait pardon au ciel d'être la femme d'un usurpateur.

— Au moins, disait-elle à Louis-Philippe, efforcez-vous de réparer, par votre complaisance pour les intérêts religieux, le dommage que vous avez causé à la monarchie en acceptant la couronne.

On étudiait de nouveau le projet de Villemain.

Ballotté entre la reine, qui n'était jamais satisfaite, et le roi, qui, tout en faisant des concessions, recommandait à son ministre de tenir les prêtres en bride, Villemain raturait, biffait, remaniait les articles, et ne contentait ni le roi ni la reine.

C'était vraiment à devenir fou. La cervelle du pauvre homme déménagea.

Son premier signe de décadence morale fut une peur insensée des jésuites.

M. Villemain voyait partout ces ennemis terribles. Il s'attendait à chaque minute à être poignardé ou à mourir du poison.

Les jésuites, à l'entendre, faisaient courir les bruits les plus infâmes sur ses actes, sur ses sentiments, sur ses mœurs. Il éloignait de sa maison tous les jeunes gens et n'osait plus donner le bras en public à un homme, parce que les jésuites l'accusaient, disait-il, d'entretenir des mignons.

Il ajoutait :

— Croiriez-vous qu'ils en veulent jusqu'à mes pauvres petites filles? Je serai forcé de les mettre au couvent, puisqu'ils disent partout qu'elles me ressemblent !

Déjà fort négligé comme tenue, M. Villemain porte tout à coup des toilettes indescriptibles.

Au milieu du monde le plus élégant, il arrive en souliers malpropres, en veste de voyage, et se mouche dans un mouchoir à carreaux bleus.

Il reçoit, au ministère, dans un costume plus burlesque encore, fourre les mains dans sa culotte et donne audience en se grattant.

Bref, un beau jour il s'imagine que ces abominables jésuites viennent le prendre. Dans son épouvante, il saute par la fenêtre et se fait une blessure grave.

Sa démission paraît aussitôt dans le *Moniteur*.

Il s'en montre furieux, accuse le roi d'ingratitude, et court d'un bout de Paris à l'autre en criant :

— Je ne suis pas malade ! C'est une calomnie ! Tout au plus avais-je besoin d'une saignée. Personne n'a eu le cœur de m'avertir. Mais patience ! ils verront s'ils peuvent se défaire aussi brutalement et surtout impunément d'un homme qui a tenu dans sa main tous les secrets de la police !

On le conduisit dans une maison de santé de Chaillot. Il eut le bonheur d'y trouver un commencement de guérison.

Revenu à lui, M. Villemain avoua que l'homme qui lui eût fait signer un billet de dix francs le jour où il avait sauté par la fenêtre n'aurait pas été un honnête homme. Il fit un voyage au delà des Alpes, et reconquit pleinement ses facultés.

Néanmoins il ne digérait pas l'affront du *Moniteur.*

Quand le maréchal Soult proposa aux Chambres d'accorder à l'ex-ministre une pension viagère, réversible sur sa famille en cas de mort, notre héros protesta contre une générosité qui lui paraissait insultante[1].

Il s'était montré, sous Charles X, beaucoup moins susceptible.

[1] On assure qu'il regrette aujourd'hui cet excès d'amour-propre. M. Villemain n'est pas riche, et les journaux ont annoncé tout récemment qu'il avait failli être écrasé par une voiture de place, note assez habile, et que le gouvernement doit comprendre. Il est honteux de laisser un ancien ministre marcher à pied dans les rues. Allons, donnez la pension viagère, on ne la refusera plus !

Avant 1830, il touchait, pour un motif inconnu, dix-huit cents francs sur la cassette du roi.

Madame veuve Villemain, sa mère, avait une pension de deux mille francs; et mademoiselle Villemain, tante ou sœur d'Abel, était elle-même inscrite pour une somme de mille francs sur le registre des pensionnaires de l'État.

Si l'on en doute, on peut consulter la *Liste civile de Charles X*, publiée en 1833.

Avec sa lucidité d'esprit, l'historien de Cromwell reprend, de nos jours, sa malignité première et sa réputation de brillant causeur.

— Mon Dieu! s'écriait madame Récamier, que Villemain est donc aimable ! Il ne dit pas un mot de ce qu'il pense; il ne pense pas un mot de ce qu'il dit... mais qu'il est donc spirituel et gracieux !

Ce jugement d'une femme supérieure est écrasant.

Il ne reste plus au personnage dont nous venons de raconter l'histoire ni conviction, ni foi, ni sincérité. Tout ce qu'il avait de noble et de grand dans l'âme s'est effacé sous l'éponge de la cour citoyenne.

Jamais, du reste, en aucun temps, on n'a vu les littérateurs de génie se discréditer d'une façon plus déplorable que dans la première moitié de ce siècle.

A quoi devons-nous le spectacle de ce

triste phénomène? Au gouvernement constitutionnel, sans contredit.

Une fois la carrière politique ouverte, nos écrivains célèbres ont quitté leur piédestal pour courir dans la lice avec la souplesse de jarrets la plus folle et la plus ambitieuse; ils ont laissé la proie pour l'ombre, la gloire acquise pour la gloire incertaine, la réalité pour le rêve.

— Eh! malheureux, où allez-vous? leur criait-on.

Tous allaient à l'abîme.

Regardez autour de vous, et dites si nous avons tort.

L'un, — c'était le plus grand de tous et le plus illustre, — est aujourd'hui sur la terre d'exil, à livrer son cœur en pâture à la colère, à la haine, aux passions sinistres. Avait-il besoin de la gloire des Dupin, quand il avait au front l'auréole d'Homère et du Dante?

Un autre, un poëte aussi, celui-là, ne s'est montré ni plus sage ni plus digne.

Il a déposé sottement aux pieds de Baal sa couronne de laurier.

On l'a vu chasser la muse comme une coureuse et tomber des splendeurs du Parnasse dans les réseaux de la diplomatie.

Trébuchant de sottise en héroïsme et d'héroïsme en sottise, ouvrant aujourd'hui les gouffres, les fermant demain, jetant sa fortune à l'orgueil et la redemandant à l'aumône, il a fini par changer les rayons en ténèbres, l'or en cuivre, l'enthousiasme en pitié.

Voulez-vous un troisième exemple?

Écoutez ce jeune professeur dont la voix semble un écho des tribunes antiques. Il parle, un fleuve d'éloquence coule de ses lèvres ; il écrit, et son style élégant, suave, plein de vigueur et plein de clarté, plonge dans l'étonnement les vieux maîtres.

Toutes les couronnes académiques sont pour lui. La France intelligente est à ses genoux.

Mais cette gloire ne lui suffit pas, il veut la gloire politique.

Aussitôt la décadence arrive, et le nuage

couvré l'étoile. Une fois hors de sa route, cet esprit si distingué, si clairvoyant, tâtonne, chancelle et s'égare.

Dignité, splendeur, éloquence, tout s'éclipse.

Il ne comprend pas que le sentier plein de périls où il se fourvoie ne peut être suivi que par des voyageurs à l'âme sèche et froide, à l'œil calme et mathématique, par des hommes, enfin, chez qui le calcul et la méthode remplacent l'imagination absente; il se jette au milieu des ornières, entortille ses jambes dans les buissons ministériels, se déchire aux épines, tombe saignant au milieu des ronces, et devient fou de colère et d'impuissance.

Reconnaissez-vous à ce portrait M. Vilemain?

Chargeons-nous le caractère? exagérons-nous la couleur? Est-il vrai qu'une ambition aveugle ait tué cette noble intelligence, enseveli ce beau talent?

Pensez-vous que, si nous achevions de donner la liste des écrivains qui se sont perdus par la politique, vous n'auriez pas à lire encore bien des pages funestes et désespérantes?

O système constitutionnel! puisses-tu rester à tout jamais les jambes prises dans la chausse-trappe où tu t'es enferré!

FIN.

On nous prie d'insérer la lettre suivante :

Paris, 15 juin 1856.

A M. EUGÈNE DE MIRECOURT.

« Monsieur,

« Dans la biographie d'Alphonse Karr, que je viens de lire, vous parlez de l'appui donné par l'ingénieux écrivain à l'auteur d'utiles essais sur l'application de l'hélice à vapeur.

« Je ne veux point enlever à M. Karr

le mérite de ce généreux appui, ni à M. Sauvage celui de ses travaux; mais à chacun sa part, et la justice veut qu'ici la plus importante, c'est-à-dire la *découverte,* soit réservée à l'ingénieur Dallery, le premier qui ait combiné l'emploi de l'hélice, comme agent propulseur et directeur, avec celui de la vapeur, au moyen de la chaudière tubulaire, l'un des principaux éléments de sa découverte.

« C'est ce qui ressort incontestablement du brevet de Ch. Dallery, à la date du 29 mars 1803, et des documents authentiques rassemblés dans la notice que j'ai publiée et que je mets sous vos yeux comme pièces à l'appui.

« Cette vérité historique a d'ailleurs,

sur ma réclamation, été reconnue par M. Karr lui-même.

« Voici ce qu'on lit dans les *Guêpes*, numéro du mois de novembre 1845 :

« .... M. Chopin, gendre de M. Dal-
« lery, mécanicien, mort depuis quelques
« années, est venu me faire voir un bre-
« vet antérieur de près de trente ans à
« celui de Sauvage, un dessin de l'hélice
« annexé au brevet, et un rapport récent
« de l'Académie des sciences constatant la
« validité de ce brevet. Je ne puis refuser
« à M. Chopin d'insérer sa réclamation
« dans les *Guêpes*, mais je dirai ici ce que
« je lui ai dit à lui-même : il est probable
« que M. Sauvage ne connaissait pas le
« brevet de M. Dallery.

« Il est fâcheux que, lorsqu'on demande
« un brevet pour invention, il n'y ait pas
« un conservateur des brevets qui puisse
« vous avertir qu'un brevet a été pris an-
« térieurement pour le même sujet. Il
« n'en reste pas moins acquis à Sauvage
« que c'est à ses travaux opiniâtres pen-
« dant treize ans que l'on doit en France
« l'application de l'hélice aux bâtiments à
« vapeur.

« *L'invention, on ne peut le nier, ap-
« partient à M. Dallery,* mais l'applica-
« tion, la première application sérieuse
« est due à Sauvage. »

« Il y aurait beaucoup à dire sur cette
persistance finale de M. Karr; je me bor-

nerai à faire observer que, par suite de l'insouciance de notre pays, l'Angleterre a devancé dans l'application de l'hélice celle réalisée par M. Sauvage, et que, la vérité historique rétablie à l'égard de Ch. Dallery, il en résulte avec la dernière évidence que la France a précédé l'Angleterre dans l'invention de l'hélice, découverte trop en avant de l'époque où Ch. Dallery la fit apparaître, puisqu'elle fut, comme il arrive trop souvent, repoussée par l'ignorance et la routine.

« Je regrette, monsieur, que vous ayez involontairement reproduit l'erreur que je viens de signaler, et, confiant dans l'esprit de justice qui vous dirige, je vous prie de vouloir bien saisir la première occasion de la rectifier, dans l'intérêt de la science et de la vérité.

« Veuillez, monsieur, agréer l'assurance de ma considération distinguée,

« CHOPIN DALLERY. »
Ancien ingénieur-mécanicien.

Rue de Braque, 6.

J'apprends, Monsieur, avec beaucoup
de peine la position de votre respectable
famille. Trouvez bon que je vous adresse
ci-joint une petite somme que vous
me rendrez à votre gré. Vos talens
ne peuvent manquer d'être bientôt
employés utilement pour vous.
  Mille complimens.
                          G. Pellissan

ce 26 février.